すみっコぐらし の
ことわざ108

監修: サンエックス

著者: 有沢ゆう希

Kodansha K・K bunko

住めば都

どんなところでも、実際に住んでみると住みよいところに思えてくること。

電車に乗れば、できるだけすみっこの席に。
カフェに行っても、やっぱりすみっこの席に。
すみっこにいると落ちつくすみっコたち。

絵にかいた餅

実際には役に立たないことや、実行できないこと。
（絵にかいたもちは、どんなにおいしそうに見えても、食べられないことから。）

[しろくま]

北からにげてきた、さむがりでひとみしりのくま。
あったかいお茶を
すみっこでのんでるときがおちつく。
とくぎは、絵をかくこと。

三つ子の魂百まで

小さなころ身についた性質は、年をとっても変わらない、ということ。

ぺんぎん？

自分はぺんぎん？
でも、緑色のぺんぎんはどこにものってない。
昔はあたまにお皿があったような…。

とんかつ

残り物には福がある

残ったものには、思いがけない、いいものがあるということ。

とんかつのはじっこ。おにく１％、しぼう99％。
ピンク色の部分が１％のおにく。
あぶらっぽいから残されちゃった……。

ねこ

猫の手も借りたい

とてもいそがしいので、ねこにも手伝ってもらいたいくらいだ、ということ。

はずかしがりやのねこ。
気が弱く、すぐすみっこをゆずってしまう。
なにかに隠れると、おちつく。
よくすみっこで、つめをといでいる。

かわいい子には旅をさせよ

子どものためを思うなら、いろいろな苦労を経験させたほうがよい、ということ。

> とかげ

じつはきょうりゅうの生き残り。
海に住むきょうりゅうの一種。
つかまっちゃうので、とかげのふりをしている。
好物は魚。特技は泳ぐこと。

本書の使い方

意味
ことわざの意味を説明しています

由来
ことわざのもとになった話や、むずかしい言葉について、説明しています

見出し語
日本のことわざ、外国のことわざをそれぞれ五十音順にならべています

蒔かぬ種は生えぬ

努力しなければ、よい結果は生まれない、ということ。(種をまかなければ、芽もなど、何も生えてこない、ということから来ているよ)

鉢から小さな芽が出たよ。
きちんと種をまいたからね。

ひとこと
すみっコぐらしのことや、ことわざの意味する内容が書かれています

キャラクター紹介

- 2 【すみっコぐらし】住めば都
- 4 【しろくま】絵にかいた餅
- 5 【ぺんぎん？】三つ子の魂百まで
- 6 【とんかつ】残り物には福がある
- 7 【ねこ】猫の手も借りたい
- 8 【とかげ】かわいい子には旅をさせよ
- 9 本書の使い方

14 日本のことわざ

- 16 青菜に塩
- 17 足元から鳥が立つ
- 18 頭隠して尻隠さず
- 19 暑さ寒さも彼岸まで
- 20 羹に懲りてなますを吹く
- 21 急がば回れ
- 22 一年の計は元旦にあり
- 23 一富士二鷹三茄子
- 24 一を聞いて十を知る
- 26 一心同体
- 27 一寸先は闇
- 28 一寸の虫にも五分の魂
- 29 犬も歩けば棒に当たる
- 30 井の中の蛙大海を知らず
- 31 魚心あれば水心
- 32 後ろ髪をひかれる
- 33 嘘も方便
- 34 えびでたいを釣る
- 35 お茶を濁す
- 36 同じ釜の飯を食う

- 38 鬼の居ぬ間に洗濯
- 39 帯に短したすきに長し

か
- 40 河童の川流れ
- 41 果報は寝て待て
- 42 烏の行水
- 43 木に竹を接ぐ
- 44 後悔先に立たず
- 45 弘法にも筆の誤り
- 46 弘法筆を選ばず
- 47 虎穴に入らずんば虎子を得ず

さ
- 48 三人寄れば文殊の知恵
- 49 四角な座敷を丸く掃く
- 50 地震雷火事親父
- 52 十人十色
- 53 春眠暁を覚えず
- 54 少年老い易く学成り難し
- 56 白羽の矢が立つ
- 57 人事を尽くして天命を待つ
- 58 水魚のまじわり
- 59 過ぎたるはなお及ばざるが如し
- 60 すずめ百まで踊りわすれず
- 61 急いては事を仕損じる
- 62 船頭多くして船山に上る
- 64 千里の道も一歩から
- 65 袖振りあうも多生の縁
- 66 備えあれば患いなし

##
- 67 蓼食う虫も好き好き
- 68 旅の恥はかきすて

70 旅は道連れ世は情け
72 便りがないのはよい便り
73 塵も積もれば山となる
74 天高く馬肥ゆる秋
76 灯台もと暗し
78 どんぐりの背比べ

80 長いものには巻かれよ
81 情けは人のためならず
82 七転び八起き
83 習うより慣れよ
84 猫にかつおぶし
85 猫をかぶる
86 寝る子は育つ
88 能ある鷹はつめを隠す
89 喉元過ぎれば熱さを忘れる
90 のれんに腕押し

92 腹が減ってはいくさはできぬ
94 人は見かけによらぬもの
95 豚に真珠
96 下手の考え休むに似たり

97 蒔かぬ種は生えぬ
98 馬子にも衣裳
99 待てば海路の日和あり

100 寄らば大樹の陰

ら
102 楽あれば苦あり苦あれば楽あり
103 両手に花

104 類は友を呼ぶ

わ
106 渡りに舟
107 渡る世間に鬼はない
108 笑う門には福来る
109 和を以て貴しとなす

110 外国のことわざ

112 【ドイツ語】愛情は胃を通ってしみこむ
114 【英語】一日一個のリンゴで医者いらず
116 【スペイン語】歌う者は不幸を追いはらう
118 【スペイン語】川の音が聞こえた時はそこに水がある
120 【ロシア語】きのこだと名乗った以上はあみかごに入れ
122 【英語】勤勉は成功の母
124 【英語】こぼしたミルクを嘆いても仕方ない
126 【韓国語】金剛山も食後の見物
128 【ロシア語】仕事はオオカミでないから森に逃げない
130 【英語】失敗は成功のもと
132 【英語】人生で最上のものに金はかからない
134 【アラビア語】旅にはいくつかの利点がある
136 【英語】タンゴを踊るには、ふたり必要
138 【アラビア語】沈黙する者は安全である
140 【フランス語】鳥は少しずつ巣を作る
142 【フランス語】鍋を見下すのはフライパン
144 【ハンガリー語】逃げるは恥だが役に立つ
146 【英語】ペンは剣よりも強し
148 【英語】本は表紙で判断するな
150 【アラビア語】約束は雲、実行は雨
152 【フランス語】やけどをした猫は、つめたい水からも逃げる
154 【スペイン語】雷雨の後には平穏がやってくる
156 【英語】終わりよければすべてよし

日本の
ことわざ

ことわざとは、昔から人びとの間で伝えられてきた、生きる知恵です。
短くて、わかりやすい言葉で、人生の教訓などを伝えています。
数字や動物などを使ったことわざ、中国から伝わった話をもとにできたことわざなどがあります。
「日本のことわざ」では、なじみぶかいそれらのことわざを紹介します。

青菜に塩

急に元気がなくなり、しょんぼりする様子。

青菜に塩をかけると、しおれてしまうよ。
レモンをかけたら、元気になれる？

足元から鳥が立つ

身近なところで思いがけないことが起こること。
急に思いたって物事をはじめること。

ぱたぱた

ぱたぱたと羽ばたいて、どこへ行くのかな。

頭隠して尻隠さず

悪いことや欠点などの一部を隠して、全部隠したつもりになっていること。
（きじが草むらに頭だけを入れて、全身を隠したつもりでいる様子から来ているよ。）

紙袋の中にもぐって、かくれんぼ？
頭は隠れているけど、おしりが丸見えだよ。

暑さ寒さも彼岸まで

暑さも寒さも彼岸のころまでで、それを過ぎると、おだやかな気候になること。
(彼岸は、それぞれ春分の日と秋分の日を中日とした七日間をいうよ。)

夏はスイカがおいしいね。
ひんやり冷やしてから食べよう！

羹に懲りてなますを吹く

前の失敗にこりて、必要以上に用心深くなること。
（熱いスープをのんでやけどした人が、用心して冷たい料理も冷まそうとすること。）

あったかいお茶が好きなしろくま。
やけどには気をつけてね。

急がば回れ

急いでいるときは、安全確実な遠回りをするほうが、かえっていい結果となる。
(急いでいるとき、なれない近道を通ると、迷っておそくなったりすることから。)

おもてなし

かき氷を急いで食べたら、
あたまがきーんってなっちゃった。
ゆっくり食べようね。

一年の計は元旦にあり

物事は初めが大切で、きちんと計画を立ててから取りくむのがよいということ。

今年はどんな年にしようか？
一年の計画や目標は、一月一日に立てるのがいいよ。

一富士二鷹三茄子

初夢に見ると縁起がよいとされているものを、おめでたい順に並べた言葉。

今年はどんな初夢を見た？
まわりの人と話してみたら楽しいかもね。

一(いち)を聞(き)いて十(じゅう)を知(し)る

わずかな情報(じょうほう)から、全体(ぜんたい)を理解(りかい)することができるほど、かしこく聡明(そうめい)であることのたとえ。

新しいことを学ぶのって、楽しいね。
一を聞いて十を知れたら、天才かも!?

一心同体（いっしんどうたい）

心がひとつになるほど強く結びついている様子。

とんかつとえびふらいのしっぽは、
残されちゃったあげもの仲間。
心通じる友。

一寸先は闇(いっすんさきやみ)

将来のことは、すぐ先のことでさえ、どうなるかわからないということ。

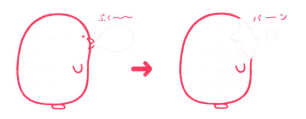

未来を予測するのは難しいけれど、
いろんな場合に備えておこう。

一寸の虫にも五分の魂

小さくて弱い者にも、
それなりの意地や考えがあるから、
ばかにしてはいけない。

どんな小さな生き物でも、同じ命が宿っているから、
大切にしようね。

犬も歩けば棒に当たる

でしゃばると思わぬ災難にあうといういましめ。
（反対に、なんでもやってみれば、思わぬ幸運にあうという意味でも使われるよ。）

おさんぽで、たくさん歩いてみたら、
いいことと悪いこと、どちらが起きるかな？

井の中の蛙大海を知らず

自分のわずかな知識やせまい考えにとらわれて、外の広い世界を知らないこと。
（井戸の中の蛙は、広い海を知らない、ということから。）

今いるところは、もしかしたらせまい世界なのかも。
新しい世界に飛びだしてみる？

魚心あれば水心

自分が相手に好意を示せば、
相手も応えようという気持ちを持つようになること。
(魚は水があるので生きられるし、
水も魚がいればにごらないことから。)

自分のことを好きでいてくれたらうれしいもの。
きっと、相手も同じだよ。

後ろ髪をひかれる

心残りがあって、なかなか思いきれない様子のこと。

名残惜しいときには、
ついつい何度もふりかえっちゃうね。

嘘も方便

嘘をつくのはいけないことだが、場合によっては、ついたほうがいいときもある。

嘘はつかないほうがいいけれど、
ひみつを守らなければいけないこともあるよね。

えびでたいを釣る

小さな労力で、大きな利益を手に入れること。

小さなえびで、大きなたいを釣れたらうれしいね。
魚釣り、うまくいくかな？

お茶を濁す

いいかげんなことや、適当なことを言ったりして、その場をとりつくろうこと。

ごまかそうとして、へんなことを言ったり、してしまったりすることってあるよね。

同(おな)じ釜(かま)の飯(めし)を食(く)う

いっしょに生活をする、親しい間柄(あいだがら)であることのたとえ。

パイを囲んでひと休み。
いっしょにごはんを食べると、もっとなかよくなれるね。

鬼の居ぬ間に洗濯

こわい人や、気をつかう人がいないときに、息ぬきをして休むこと。

お洗濯をすると、気分までさっぱりするよね。
いい息ぬきになったかな。

帯に短したすきに長し

中途半端で、どうにも使いようがなくて、役に立たないこと。

帯には短いし、たすきには長いけど、
お風呂のタオルとしては役立ちそうな長さだね。

河童の川流れ

その道にすぐれている人でも、時には失敗することもある、ということ。
（泳ぎのうまい河童でも、川でおぼれて流されることがある、ということから。）

あたまにお皿をのせると、
泳ぎのうまいなにかに似ているような……？

果報(かほう)は寝(ね)て待(ま)て

運命は人の力ではどうにもならないから、じっと待っていれば、いつかは幸運(こううん)が自然(しぜん)にやってくるものだということ。

おふとんにもぐってお休み中。果報(かほう)を待(ま)ってるの？
それとも寝(ね)ているだけ？

烏の行水
お風呂に入っても、よく洗わずに、すぐに出てきてしまうこと。

とんかつとえびふらいのしっぽは水に弱いから、
お風呂に入れないみたい。

木に竹を接ぐ

不自然で、合わないこと。
すじみちの通らないこと。

たてに積みあがると、すごく大きく見えるけど、
ちょっと不自然かも？

後悔先に立たず

終わってからでは、どんなに悔やんでも、どうすることもできない、ということ。

ぐったり落ちこんでいるぺんぎん?。
なにか、失敗しちゃったのかな?

弘法にも筆の誤り

どんなにその道にすぐれた人でも、時には失敗することがあるということ。

どんな人にもミスはあるもの。
自分にも他人にもやさしくしようね。

弘法筆を選ばず

技術のすばらしい人は、どんな道具を使っても、すばらしい仕事をするものだ。

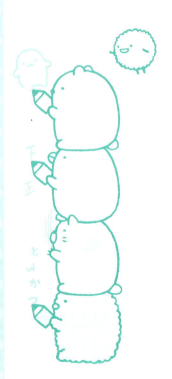

書道の名人だった弘法大師は、どんな筆でも、りっぱな字を書いたんだって。

虎穴に入らずんば虎子を得ず

安全ばかり考えていては、
目的のものは手に入らないということ。

ひるんでしまいそうなときにも、
勇気をふりしぼって、挑戦してみよう。

三人寄れば文殊の知恵

頭のよい者でなくても、集まって相談すればよい考えが出てくるものだということ。

大きなものも、みんなで力を合わせれば軽々運べる。
力を合わせるのって大事だね。

四角な座敷を丸く掃く

四角い部屋を丸く掃くように、手をぬいた仕事をしていること。

おそうじをするときは、
すみまでしっかり掃いてきれいにしようね。

地震雷火事親父
世の中でこわいものを順に並べた言葉。

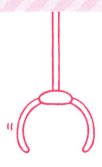

とつぜん現れてつまみあげるアームも、
親父に負けないくらいおそろしい？

十人十色（じゅうにんといろ）

人は、それぞれちがった考えや好みを持っている、ということ。

得意（とくい）なものや、苦手（にがて）なものが、それぞれちがうから、助（たす）けあうこともできるんだね。

春眠暁を覚えず
しゅんみんあかつきをおぼえず

春の夜はとても気候がよいので、つい眠りすぎてしまうということ。

春は、暑くもなく、寒くもなく、
気持ちがよくって、なかなか起きられないね。

少年老い易く学成り難し

人は若いうちから時間を惜しんで学問に励むべきだといういましめ。

勉強(べんきょう)ができるようになるには時間がかかるけど、
がんばって続(つづ)けてみよう。

白羽の矢が立つ

多くの人の中から、選びだされること。
（神様が人身御供を選ぶとき、
その家の屋根に白い羽根の矢を
立てたという伝説から。）

白羽の矢が立ってしまったら、
おとなしく身をゆだねるしかないのかも……？

人事を尽くして天命を待つ

自分にできることをすべてやったあとで、結果が出るのをあせらずに待つこと。

晴れを願っててるてる坊主をつるすのも、
人事を尽くして天命を待つ、だね。

水魚(すいぎょ)のまじわり

水と魚の間柄(あいだがら)のように、おたがいが
かけがえのない大切な存在(そんざい)であること。

かけがえのない友だちが、
自分のことも好(す)きでいてくれたらうれしいよね。

過ぎたるはなお及ばざるが如し

なにをするにも、やりすぎは、
足りないのと同じくらいよくない、
ということ。

にどづけ

おいしいソースも、かけすぎたら台無し。
何事も、ちょうどがいいね。

すずめ百まで踊りわすれず

子どものころに覚えたことは
年をとってもわすれない、ということ。

ちゅん

すずめは、おどるように跳びはねるくせがあって、
おとなになっても、くせがぬけないよ。

急いでは事を仕損じる

急ぎすぎると、失敗してしまい、かえって時間がかかることが多い、ということ。

あんまり急ぐと、転んだりしてあぶないよ。
大事なことほど、落ちついて。

船頭多くして船山に上る

指図(さしず)する者(もの)が多いと、物事(ものごと)がとんでもない方向(ほうこう)に進(すす)んでしまうたとえ。

みんなでなにかをやるときには、役割分担(やくわりぶんたん)が大切!

千里（せんり）の道（みち）も一歩（いっぽ）から

どんなに大変（たいへん）なことも、身近（みぢか）なことを
ひとつずつがんばっていくことから始（はじ）まる。

大（おお）きな目標（もくひょう）を達成（たっせい）するためには、
毎日（まいにち）の積（つ）み重（かさ）ねが大事（だいじ）だよね。

袖振りあうも多生の縁

人と人の出会いは、どんなささいなものにも意味がある、ということ。

偶然に見える出会いも、きっとなにかの意味があるから、出会いは大事にしよう。

備(そな)えあれば患(うれ)いなし

日ごろから準備(じゅんび)をしていれば、急(きゅう)に何かあっても心配(しんぱい)することはない。

空からなにが降(ふ)ってくるかわからないから、
毎日洗面器(せんめんき)をかぶって暮(く)らしてみる？

蓼食う虫も好き好き

人の好みはそれぞれで、ずいぶんとちがいがあるということのたとえ。
（からくて苦い蓼の葉を、好んで食べる虫もいる、ということから来ているよ。）

お気に入りのおかしもそれぞれちがうよ。
どのおかしがいちばん好きかな？

旅の恥はかきすて

旅行先では、ふだんはすることのない、恥ずかしいことでもできる。

初めての場所に行くのは、どきどきするね。
でも、思いきって楽しんでみよう！

旅は道連れ世は情け

旅行するには
仲間といっしょのほうが心強く、
世の中を渡るには、
たがいに思いやりを持つことが、
大切である。

助けあうだけでなく、楽しい時間をわけあえたら、
すてきだね。

便りがないのはよい便り

便りがないのは、
ぶじに暮らしているということなので、
心配することはない。

便りがないのはよい便りっていうけれど…
お手紙をもらえたら、うれしいよね。

塵(ちり)も積(つ)もれば山(やま)となる

どんなにわずかなものでも、
少しずつ積(かさ)み重ねていくと、
必(かなら)ず大きなものになる。

小さなちりやほこりも、集(あつ)まれば大きくなるから、
ちゃんとおそうじしようね。

天高く馬肥ゆる秋

秋の季節のすばらしさをたとえた言葉。
（秋は空気が澄んで心地よく、馬も見事に肥える季節であることから。）

秋は実りの季節。
おいしいくだものがいっぱいとれて、うれしい。

灯台もと暗し

自分のことや、身近なことは、気がつかないことが多い。
(灯台は、油やろうそくで明かりをつけていた台のこと。台の下は暗いことから。)

まわりの人に似ているって言われても、
自分ではぴんとこないことも……。

どんぐりの背比べ

どれも同じくらいで、変わりはなく、ぬきんでたものもないこと。

せのじゅん

背の順に並んでみたよ。
あまり変わりはないけれど、
一番のほうがうれしいかな？

長いものには巻かれよ

強い者、力のある人には、従っていたほうが得だということ。

長いものに巻かれるのもいいけれど、自分を持つのも大事だよ。

情けは人のためならず

人に親切にしていると、まわりまわって、いつか自分にもよいことがある。

だれかに親切にされると、うれしいよね。
べつのだれかへの親切につなげてみよう。

七転(ななころ)び八起(やお)き

何度(なんど)失敗(しっぱい)しても、必(かなら)ず立ちあがって、がんばること。

こうごうせい

夢(ゆめ)をかなえるためには、失敗(しっぱい)してもあきらめないで、がんばりつづけることが大事(だいじ)。

習うより慣れよ

物事は、人から教えられるより、実際にやって慣れるほうが早くうまくなる。

じょうずにたまごを割れるようになるには、何度もやってみるのがいちばんだよ。

猫にかつおぶし

危険で、少しも油断ができない状態のたとえ。

ねこくさ

大好物をそばに置くと、いつ食べられてしまうかわからないから、気をつけてね。

猫をかぶる

本当の性格を隠して、よりよく見えるようにふるまうこと。

いつもとちがう自分になりたいときには、
猫をかぶるのもあり……？

寝る子は育つ

よく寝る子どもは、じょうぶで大きくなるものだ。

よく寝る子は大きくなる。早寝早起きをがんばろうね。

能ある鷹はつめを隠す

すぐれた才能を持つ人は、
ふだんはそれを隠していて、
みだりにひけらかさない。

意外な人が、じつはすごい才能を
持っているかもしれないね。

喉元過ぎれば熱さを忘れる

苦しいことや、助けてもらった恩も、時がたてばすぐにわすれてしまう。

つらいときに助けてくれた人のことは、わすれずに、大切にしよう！

のれんに腕押し

手ごたえがなく、はりあいがないこと。

のれんに腕押しならぬ、のれんからチラ見。
なにか言いたいことがあるのかな？

腹が減ってはいくさはできぬ

なにごとも、空腹のときには、よい働きができないということ。

大仕事の前には、おいしいものを食べて、
力をたくわえようね。

人は見かけによらぬもの

人の中身や能力は、外から見ただけではわからないものだ。

見た目と中身が、ちがうこともあるのかも？
気をつけよう！

豚に真珠

どんなにいいものでも、価値がわからない人には、なんの役にも立たないこと。

おみやげ

真珠のおみやげ。きらきらしていて、とってもきれい。
ながめるだけで幸せだね。

下手の考え休むに似たり

知恵のない人がいくら考えても時間のむだで、意味がない。（囲碁や将棋で、下手な人が長考しているのは、休んでいるようなものだから。）

考えても考えても答えが出ないときは、
本当に休んでしまうのも、ひとつの手？

蒔かぬ種は生えぬ

努力しなければ、
よい結果は生まれない、ということ。
(種をまかなければ、草木など、
何も生えてこない、
ということから来ているよ。)

鉢から小さな芽が出たよ。
きちんと種をまいたからだね。

馬子にも衣裳

髪や服を整えて着かざれば、
だれでもりっぱに見えるものだ、ということ。

きちんとした服を着れば、ガイドにも見えちゃう？

待(ま)てば海路(かいろ)の日和(ひより)あり

今はうまくいっていなくても、
がまんして待っていれば
チャンスが来るということ。

海が荒れているときは、無理に船出をするよりも、
晴れの日を待ってみよう。

寄らば大樹の陰

だれかに頼らなければならないときは、
強い人や勢いのある人に頼るのがよい。
(雨が降ってきて雨宿りをするのなら、
大きな木の下のほうがよいことから。)

大きな木の下に集まっても、
やっぱりすみっこが好きみたい。

楽あれば苦あり 苦あれば楽あり

人生は楽しいことばかり続くのでも、苦しいことばかり続くのでもない。

いいことばかりは続かないけど、
はずれがあるから、あたりがうれしいのかも？

両手に花

同時に、ふたつのよいものを手に入れること。

両手に花ならぬ、両手に木!?
なんだかとっても満足そう。

類(るい)は友(とも)を呼(よ)ぶ

性格(せいかく)や考(かんが)え方(かた)が似(に)ている者同士(ものどうし)は、自然(しぜん)に集(あつ)まるものだ、ということ。

好きなものがいっしょだと、いつのまにか、
なかよしになっていたりするよね。

渡りに舟

なにかをしようとするときや、困っているときに、都合のよいことが起こること。

えびふらいのしっぽは水に弱いから、
ぶじに舟に乗れて、よかったね。

渡る世間に鬼はない

世の中は悪い人ばかりではなく、
心のやさしい親切な人もたくさんいるということ。

おたがいのせなかを流しあって、いい気分。
世の中、悪い人ばかりではないよね。

笑う門には福来る

いつも笑顔で明るく暮らしている人の家には、幸せがやってくるものだということ。

思いっきり、声に出して笑ってみよう。
気持ちがいいし、幸せがまいこむよ。

和を以て貴しとなす

なにをするにも、みんなで協調してやるのがいちばんだということ。

自分ひとりでできることは限られているから、まわりの意見にも耳をかたむけてみて。

外国の
ことわざ

外国でも、日本と同じように、昔から人びとの間で伝えられてきたことわざがあります。
日本では、耳なれないものもありますが、どれも、日本のことわざと同じように、人生の教訓など、先人たちの知恵を教えています。
「外国のことわざ」では、ちょっと変わったそれらのことわざを紹介します。

> ドイツ語のことわざ

Liebe geht durch den Magen.

愛情は胃を通ってしみこむ

おいしい料理は人の心をつかむものだということ。

愛情たっぷりのお弁当、おいしそうだね。
なにから食べるかな？

> 英語のことわざ

アン アッポウ ア デイ キープス ザ
An apple a day keeps the
ドクター アウェイ
doctor away.

一日一個のリンゴで
医者いらず

リンゴなどの果物(くだもの)は健康(けんこう)によく、
食べると病気(びょうき)にかかりにくくなるということ。

リンゴはビタミンがとっても豊富。
いろんな食べ方ができて、おいしいね。

> スペイン語のことわざ

Quien canta, sus males espanta.
キエン カンタ スス マーレス エスパンタ

歌う者は不幸を追いはらう

いやなことをわすれるには、
楽しみをさがすのがよいということ。

好きな音楽を聞いたら、
どんな悩みもふきとんじゃうね。

スペイン語のことわざ

クアンド エル リオ スエナ
Cuando el río suena,
アグア ジェヴァ
agua lleva.

川の音が聞こえた時はそこに水がある

水がないところに川の音はしないように、どんなことにも原因がある。

ささいなことが、何かの事件につながる
手掛かりだったりするのかも……？

ロシア語のことわざ

Назвался груздем,
(ナズヴァルシャ グルズジョーム)
полезай в кузов.
(パリェザイ フ クーゾフ)

きのこだと名乗った以上はあみかごに入れ

やりかけたことは、最後まで責任を持って
やるべきだということ。

きのこがたくさん育ったよ。
大きいきのこはあみかごに入りきらないくらいだね。

> 英語のことわざ

Diligence is the mother of success.

勤勉は成功の母

地道にがんばっていれば、
きっと成功につながるということ。

本を読むといろいろな発見があるね。
毎日読んだら、すっごくかしこくなれるかも。

> 英語のことわざ

It's no use crying over spilt milk.
(イッツ ノー ユース クライング オーバー スピルト ミルク)

こぼしたミルクを嘆いても仕方ない

起こってしまったことをどれだけ後悔しても意味がないということ。

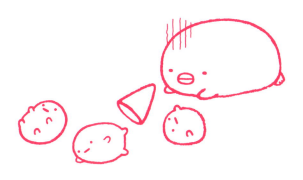

食べ物を持っているときには、
転ばないように気をつけようね。

> 韓国語のことわざ

금강산도 식후경
(クンガンサンド　シクギョン)

金剛山も食後の見物

金剛山(こんごうさん)のように美(うつく)しい景色(けしき)も、
お腹(なか)がすいていては十分に楽しむことができない。

腹ごしらえをすると、楽しい旅行を
もっと楽しめるようになるよ。

> ロシア語のことわざ

Работа не волк,
в лес не убежит.
（ラボータ ニェ ヴォルク、ヴ レェス ニェ ウビジート）

仕事はオオカミでないから森に逃げない

仕事はどこかへにげたりしないから、
じっくりと落ちついて取りくむべきだ。

ハンモックでのんびりお昼寝。
仕事が森に来たら、いっしょにお休みしてみる？

> 英語のことわざ

Failure teaches success.
（フェイリア ティーチィズ サクセス）

失敗は成功のもと

失敗をくりかえし改善していくことで、
成功に近づくのだということ。

お料理失敗しちゃったね。
この経験をいかしたら、次はきっと成功するはず。

英語のことわざ

The best things
in life are free.
(ザ ベスト シングズ イン ライフ アー フリー)

人生で最上のものに金はかからない

人とのつながりや、豊かな経験など、
人生において重要なものはお金で買えない。

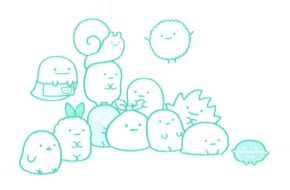

大切なものにはお金はかからない。
すみっこにいることも、そうかな？

> アラビア語のことわざ

フィッサファリ　イッダトゥ　ファワーイダ

في السفر عدة فوائد

旅にはいくつかの利点がある

旅は楽しく、また成長のきっかけになり、
さまざまなメリットがあるということ。

旅行に行けないときは、かばんを持って、
お部屋のすみで旅気分をあじわってみる？

> 英語のことわざ

It takes two to tango.

タンゴを踊るには、ふたり必要

あらそいごとの責任は両者にある。
なにごとも協力は必要だということ。

楽しくいっしょにいるためには、
おたがいの思いやりが大切だね。

アラビア語のことわざ

マン　サカタ　サリマ

من سكت سلم

沈黙する者は安全である

余計なことを言うとトラブルになるから、
黙っているのがかしこい選択である。

> フランス語のことわざ

Petit à petit l'oiseau
fait son nid.
（プティ タ プティ ロワゾ フェ ソン ニ）

鳥は少しずつ巣を作る

毎日少しずつ努力をしていれば、
いつかは必ず実るはずだということ。

何度もついばみに来るのはもしかして、
巣を作っているのかな？

フランス語のことわざ

C'est la poêle qui se moque du chaudron.
(セ ラ ブワル キ ス モク デュ ショドロン)

鍋を見下すのはフライパン

他人を見下したり批判したりしている人は、
たいした存在ではないということ。

人を見下すフライパンみたいにならないように、
やさしくいたいね。

> ハンガリー語のことわざ

Szégyen a futás, de hasznos.
(セージェン ア フターシュ デ ハスノシュ)

逃げるは恥だが役に立つ

にげることが、結果的に、
物事をうまく進ませることもあるということ。

氷の上をすべれば、すばやく動けるよ。
にげるのも速いかも？

> 英語のことわざ

The pen is mightier than the sword.

ペンは剣よりも強し

言葉の力は、武力よりもずっと強いということ。

ペンは剣よりも強し。大きなエンピツは重し。
倒さないように気をつけてね。

> 英語のことわざ

You can't judge a book by its cover.

本は表紙で判断するな

人や物は見た目だけで判断できないということ。

見た目でわからないからこそ、
思いがけない出会いがあって、読書って楽しいよね。

> アラビア語のことわざ

アルワァドゥ　サハーブン　ワルフィゥル　マタルン

الوعد سحاب و الفعل مطر

約束は雲、実行は雨

約束だけでは意味がなく、実行されてはじめて、
意味をなすということ。

雨が降るまで、本当に降るかはわからないから、
油断は禁物だね。

> フランス語のことわざ

Chat échaudé craint l'eau froide.
(シャ エショデ クラン ロ フロワド)

やけどをした猫は、つめたい水からも逃げる

一度こわい目にあうと、安全なものまでおそれるようになってしまうということ。

こわがる必要のないものまで、こわがってない?
たまには挑戦も大事だよ。

> スペイン語のことわざ

Después de la tempestad
viene la calma.
デスプエス デ ラ テンペスタッ
ヴィエネ ラ カルマ

雷雨の後には
平穏がやってくる

雨はいつか必ずやむものだから、
じっと待つのがいいということ。

長い雨宿りのあとには、きっときれいな虹が見られるよ。

> 英語のことわざ

All's well that ends well.
オールズ ウェル ザット エンズ ウェル

終わりよければすべてよし

終わり方がよいものであれば、
過程は気にしなくてもいい、ということ。

始まりでつまずいても、途中であきらめないで、
ハッピーエンドをめざしてみよう。

監修
サンエックス

著者
有沢ゆう希 ありさわ ゆうき

早稲田大学文学部卒業。著書に『小説　アニメ　カードキャプターさくら　クロウカード編上・下』『小説　アニメ　カードキャプターさくら　さくらカード編上・下』『小説　アニメ　カードキャプターさくら　クリアカード編①②』（原作：CLAMP、講談社KK文庫）、『恋と嘘　映画ノベライズ』（原作：ムサヲ/脚本：吉田恵里香）、『小説　ちはやふる　上の句』『小説　ちはやふる　下の句』『小説　ちはやふる　結び』（原作：末次由紀、講談社文庫）がある。

装丁　飛弾野由佳（金魚HOUSE）

本文デザイン　脇田明日香

翻訳協力　稲葉希巳江（フランス語）神村大輔（アラビア語）塩見亮（ロシア語）
　　　　　　モレノ由佳（スペイン語）

この講談社KK文庫を読んだご意見・ご感想などを下記へお寄せいただければうれしく思います。なお、お送りいただいたお手紙・おハガキは、ご記入いただいた個人情報を含めて著者にお渡しすることがありますので、あらかじめご了解のうえ、お送りください。

〈あて先〉
〒112-8001 東京都文京区音羽2-12-21
講談社児童図書編集気付　有沢ゆう希先生

講談社KK文庫 A27-7

すみっコぐらしのことわざ108

2018年6月18日　第1刷発行〔定価はカバーに表示してあります。〕
2023年7月3日　第17刷発行

著　者	有沢ゆう希
	ありさわ　　ゆ　き
	© Yuki Arisawa, 2018
監　修	サンエックス
	© 2018 San-X Co., Ltd. All Rights Reserved.
発行者	森田浩章
発行所	株式会社 講談社

〒112-8001 東京都文京区音羽2-12-21
電話 編集 東京(03)5395-3535
　　 販売 東京(03)5395-3625
　　 業務 東京(03)5395-3615

印刷所	共同印刷株式会社
製本所	株式会社 国宝社

KODANSHA

● 本書のコピー、スキャン、デジタル化等の無断複製は著作権法上での例外を除き禁じられています。本書を代行業者等の第三者に依頼してスキャンやデジタル化することはたとえ個人や家庭内の利用でも著作権法違反です。
● 落丁本・乱丁本は購入書店名をご明記のうえ、小社業務宛にお送りください。送料小社負担にてお取り替えいたします。なお、この本についてのお問い合わせは児童図書編集宛にお願いいたします。

N.D.C.913　158p　18cm　Printed in Japan　　ISBN978-4-06-199657-1